চেনা মনের অচেনা ব্যথা

সাধারণ মানুষের জন্য, সাধারণ ভাষায়

মানসিক স্বাস্থ্যের দশটি গল্প

-

ডাঃ অয়ন দাস

ভূমিকা

মন অসুস্থ হতে পারে — ঠিক যেভাবে শরীর অসুস্থ হয়।

জ্বর হলে আমরা ডাক্তারের কাছে যাই। ব্যথা হলে ওষুধ খাই। কিন্তু মন ভেঙে পড়লে? মাথার ভেতরে অদ্ভুত কণ্ঠস্বর শুনলে? বারবার হাত ধুতে ইচ্ছে করলে? ঘর থেকে বেরোতে ভয় লাগলে?

আমরা বলি — "পাগলামি করছে।" অথবা — "নাটক করছে।" অথবা — "মনের জোর নেই।"

এই কথাগুলো ঠিক নয়। মানসিক সমস্যা মানুষের দুর্বলতা নয়। এটা একটা অসুখ। এবং প্রায় সব মানসিক অসুখেরই চিকিৎসা আছে।

এই বইয়ে দশটা গল্প পড়বেন। প্রতিটা গল্পে একটা মানুষ আছে, তার জীবন আছে, তার কষ্ট আছে। গল্পের শেষে সহজ কথায় বোঝানো আছে — এই অসুখটা আসলে কী, এর লক্ষণ কী, এবং কখন ডাক্তারের কাছে যাওয়া দরকার।

সব চরিত্র কাল্পনিক। কিন্তু গল্পগুলো সত্যিকারের জীবনের কথা বলে।

বিষয়সূচি

অধ্যায় ১

মন যখন ভার হয়

— বিষণ্ণতা ও মেজাজের অসুখ —

এক.

সকাল সাতটা। ভবানীপুরের গলির ভেতরের ছোট্ট ফ্ল্যাটে অ্যালার্ম বাজছে। বাজছেই। বাজছেই।

সুরেশ মুখার্জি চোখ খুললেন না।

পাশের ঘর থেকে মীনা ডাকল — "এই শোনো, উঠবে না?"

কোনো জবাব নেই।

মীনা রান্নাঘরে চা বসাতে গেল। জানে আজও উঠবে না। গত তিন সপ্তাহ ধরে এমনই চলছে। সুরেশ অফিস যাচ্ছে না। খাচ্ছে না ঠিকমতো। স্নান করছে না। বিছানায় শুয়ে সারাদিন ছাদের দিকে তাকিয়ে থাকে।

মীনা একসময় রাগ করত। এখন শুধু ভয় করে।

"মানুষটার কী হলো?" রাতে শ্বাশুড়িকে বলে কাঁদে। "এতো ভালো চাকরি ছিল, ছেলেমেয়ে আছে, অভাব নেই কোনো — তাও এই কী অবস্থা!"

শ্বাশুড়ি বলেন, "মনের জোর নেই। ছেলেবেলা থেকেই একটু নরম।"

কিন্তু মীনা জানে এটা শুধু 'নরম' না। কিছু একটা হয়েছে। ঠিক কী, বুঝতে পারছে না।

দুই.

সুরেশের বয়স ৪২। লেক গার্ডেন্সের একটা বেসরকারি সংস্থায় হিসাবরক্ষকের কাজ করেন। মাইনে ভালো, বাড়ি নিজের, দুটো ছেলেমেয়ে ইস্কুলে পড়ে। বাইরে থেকে দেখলে জীবনটা বেশ পাকাপোক্ত মনে হয়।

কিন্তু সুরেশের মাথার ভেতরে একটা কথাই ঘুরছে।

"আমি থাকলে কার কী লাভ?"

ভোরবেলা উঠে ব্যালকনিতে দাঁড়ালে নিচের রাস্তাটার দিকে অনেকক্ষণ তাকিয়ে থাকেন। ভাবতে ভাবতে শিউরে ওঠেন, ঢুকে পড়েন ঘরে।

এই কথাটা মীনাকে বলা যায় না।

তিন.

এই অসুখটা এর আগেও একবার এসেছিল। বছর দশেক আগে। তখন সবে বিয়ে হয়েছে, ছেলে ছোট। হঠাৎ একটানা কয়েক মাস মনে হতো সব অর্থহীন। খাবার খেতে ভালো লাগত না। রাতে ঘুম হতো না। অফিসে বসে কাজে মন লাগত না।

তখন মা বলেছিলেন, "একটু পাড়ার মন্দিরে যা।" কাকু বলেছিলেন, "মদ খাস না তো?" বন্ধু অনুরাগ বলেছিল, "ভাই, gym-এ join কর।"

কেউ বলেনি — "একবার ডাক্তার দেখাও।"

সেবার কয়েক মাস পরে আপনিই কেটে গিয়েছিল। সুরেশ ভেবেছিলেন — কেটে গেছে মানে ঠিক হয়ে গেছে। কিন্তু ঠিক হয়নি। ভেতরে ভেতরে জমছিল।

চার.

এবার মীনা ঠিক করল।

একদিন বিকেলে সুরেশ ঘুমিয়ে থাকলে মীনা ফোন করল প্রতিবেশী রমলাদিকে। রমলাদি নার্স, বেলভিউতে কাজ করেন।

"রমলাদি, আমার স্বামীর একটু..." মীনা সব বলল। তিন সপ্তাহের কথা, খাওয়া না, ঘুম না, বিছানায় শুয়ে থাকা।

রমলাদি কিছুক্ষণ চুপ করে থেকে বললেন, "মীনা, ওকে একবার মনের ডাক্তারের কাছে নিয়ে যাও।"

"মানে? পাগলের ডাক্তার?"

"না রে, মনের ডাক্তার। মানসিক চিকিৎসক। এগুলো অসুখের লক্ষণ। শরীরের অসুখের মতোই।"

পাঁচ.

সেদিন রাতে মীনা সুরেশকে বলল। সুরেশ প্রথমে রাগ করলেন — "আমি পাগল নাকি?"

"পাগল কে বলেছে? শুধু একবার দেখাও। আমার জন্য।"

পরের দিন সকালে সুরেশ বললেন, "ঠিক আছে। যাব।"

ছয়.

ডাক্তার ছিলেন মধ্যবয়স্ক, চশমা পরা। নাম ড. রায়। সুরেশ চেম্বারে ঢুকে চেয়ারে বসলেন। শুধু হাতদুটো কোলে রেখে বসে রইলেন।

ড. রায় বললেন, "সব বলতে হবে না। আমি কিছু প্রশ্ন করব, শুধু হ্যাঁ বা না বললেই চলবে।"

"ঘুম হচ্ছে?" — "না।" / "খেতে ইচ্ছে করছে?" — "না।" / "কাজে মন লাগছে?" — "না।"

"মনে হয় না থাকলে ভালো হতো?"

দীর্ঘ নীরবতা। তারপর আস্তে আস্তে — "হ্যাঁ।"

ড. রায় কলম রেখে দিলেন। সুরেশের দিকে সরাসরি তাকিয়ে বললেন, "এটা বলতে সাহস লাগে। ধন্যবাদ।"

সাত.

ড. রায় বুঝিয়ে বললেন।

"এই যে আপনি যা অনুভব করছেন — খালি খালি লাগা, ঘুম না হওয়া, নিজেকে বোঝা না মনে হওয়া — এটা একটা অসুখ। এর নাম বিষণ্নতা। এটা মনের দুর্বলতা নয়। ঠিক যেভাবে ডায়াবেটিস ইনসুলিনের অভাবে হয়, এই অসুখও মস্তিষ্কের কিছু রাসায়নিক পদার্থের ভারসাম্য নষ্ট হলে হয়।"

"আর আপনার ইতিহাস শুনে মনে হচ্ছে এটা আগেও হয়েছে। তার মানে এটা বারবার আসতে পারে। কিন্তু চিকিৎসা করালে এটা নিয়ন্ত্রণে রাখা যায়।"

আট.

সুরেশের চিকিৎসা শুরু হলো। ওষুধ। আর সপ্তাহে একবার ড. রায়ের সাথে কথা বলা।

প্রথম সপ্তাহে কোনো পরিবর্তন নেই। দ্বিতীয় সপ্তাহে ঘুমটা একটু ভালো হলো। তৃতীয় সপ্তাহে একদিন সকালে সুরেশ নিজেই উঠে চা করলেন।

মীনা রান্নাঘরে দাঁড়িয়ে চোখ মুছল।

নয়.

মাস তিনেক পরে।

সুরেশ আবার অফিসে যাচ্ছেন। ছেলেমেয়ের সাথে ছাদে ক্রিকেট খেলছেন। মীনার সাথে রবিবারে গড়িয়াহাট যাচ্ছেন।

একদিন রাতে মীনাকে বললেন — "তুমি না নিয়ে গেলে জানি না কী হতো।"

মীনা বলল, "তুমি নিজেই গিয়েছিলে।"

"তুমি বলেছিলে বলে।"

"আর তুমি শুনেছিলে বলে।"

📋 বিষণ্নতা — কী কী লক্ষণ দেখলে সাবধান হবেন?

- প্রায় সারাদিন মন খারাপ থাকে, দুই সপ্তাহের বেশি
- যে কাজগুলো আগে ভালো লাগত, সেগুলো আর আনন্দ দেয় না

- ঘুম হয় না, বা সারাক্ষণ ঘুম পায়
- খাওয়ার রুচি নেই, বা অতিরিক্ত খাচ্ছেন
- সব সময় ক্লান্ত লাগছে, শরীরে শক্তি নেই
- নিজেকে দোষী মনে হচ্ছে বা নিজেকে বোঝা মনে হচ্ছে
- মনে হচ্ছে না থাকলে ভালো হতো
- কোনো কিছুতে মনোযোগ দিতে পারছেন না

এই লক্ষণগুলো যদি দুই সপ্তাহের বেশি থাকে, তাহলে মানসিক চিকিৎসকের কাছে যান।

বিষণ্নতা দুর্বলতা নয় — এটা একটা অসুখ, এবং এর চিকিৎসা আছে।

অধ্যায় ২

ভাঙা আয়নার মুখ

— *সিজোফ্রেনিয়া* —

এক.

রাত তখন প্রায় এগারোটা। শ্যামবাজারের পুরনো বাড়িতে রাহুলের মা বিছানায় শুয়ে পড়েছিলেন। হঠাৎ ছেলের ঘর থেকে চাপা গলায় কথা শোনা গেল।

উঠে দরজায় কান পাতলেন। রাহুল একা একাই কথা বলছে।

"হ্যাঁ, জানি। কিন্তু ওরা কি জানে তুমি এখানে আছ?... না না, চলে যেও না... আমি একাই সামলাব..."

মা দরজা ঠেলে ঢুকলেন। রাহুল চমকে উঠে বিছানার কোণে সরে গেল। চোখ দুটো বড় বড়। "মা, তুমি এসেছ?"

"কার সাথে কথা বলছিলি?"

রাহুল এদিক ওদিক তাকাল। "কেউ না। মানে... একটু এমনি।"

মা ঘরে কেউ নেই দেখলেন। কিন্তু মুখটা বলতে পারলেন না কথাটা।

দুই.

রাহুলের বয়স ২৩। এইচএস পাশ করার পরে দু'বছর পড়া বন্ধ। মা একা মানুষ, সেলাই করে সংসার চালান।

ছোটবেলায় রাহুল শান্ত ছেলে ছিল। কিন্তু শেষ ছয় মাস ধরে আচরণ পাল্টে গেছে। একা একা ঘরে বসে থাকে। রাস্তায় বেরোলে বলে কেউ তাকে দেখছে। মাঝেমধ্যে বলে পাড়ার একটা লোক তার ক্ষতি করতে চাইছে।

মা ভেবেছিলেন — বাবা মারা যাওয়ার শোক। কিন্তু এখন আর এটুকু মনে হচ্ছে না।

তিন.

সেদিন সকালে রাহুল চা খেতে খেতে বলল, "মা, জানো, ওরা রাতে আসে। কথা বলে।"

"ওরা কারা?"

"কণ্ঠস্বর। দুটো। একজন ভালো, একজন খারাপ।" রাহুল খুব স্বাভাবিক গলায় বলল, যেন পাড়ার খবর দিচ্ছে। "খারাপটা বলে আমি কিছু করতে পারব না। ভালোটা বলে পারব।"

মার বুকটা কেমন যেন হলো।

চার.

মা পরিচিত ডাক্তার চক্রবর্তীর চেম্বারে ঢুকলেন। পুরো ঘটনা বললেন। ডাক্তার শুনলেন, তারপর বললেন, "বউদি, আপনার ছেলেকে একজন মানসিক চিকিৎসক দেখাতে হবে। দেরি না করে।"

"কিন্তু ও তো পাগল না।"

"পাগল মানে শুধু রাস্তায় ঘোরা না। মনের অসুখ অনেক রকম হয়। এই যে কণ্ঠস্বর শোনার কথা বলছেন — এটা একটা লক্ষণ।"

পাঁচ.

রাহুলকে নিয়ে যাওয়া সহজ ছিল না। প্রথমে রাজি হলো না। "আমি পাগল নই।"

মা বলল, "আমি ওরকম কিছু ভাবছি না। শুধু একবার কথা বলতে যা।"

তিন দিন পরে রাহুল গেল।

ছয়.

ডাক্তার রাহুলের সাথে একা দীর্ঘ সময় কথা বললেন। তারপর মাকে বললেন, "রাহুলের একটা মানসিক অসুখ হয়েছে। এর নাম সিজোফ্রেনিয়া। এটা চিকিৎসাযোগ্য।"

"কন্ঠস্বর শোনে যে..."

"হ্যাঁ, সেটাও এই অসুখের একটা লক্ষণ। মস্তিষ্কে কিছু রাসায়নিক পদার্থ ঠিকমতো কাজ না করলে এরকম হয়। ওষুধ খেলে এটা অনেকটা নিয়ন্ত্রণে আসে।"

সাত.

"কখনো ভালো হবে?"

ডাক্তার সৎভাবে বললেন, "সম্পূর্ণ সুস্থ হয়ে যাওয়া অনেকের ক্ষেত্রে হয়। কিছু রোগীকে দীর্ঘদিন ওষুধ খেতে হয়। কিন্তু সঠিক চিকিৎসায় রাহুল স্বাভাবিক জীবন যাপন করতে পারবে।"

আট.

চিকিৎসা শুরুর পর তিন মাসে কণ্ঠস্বর কমে এলো। রাহুল রাতে ঘুমাতে পারছে। বাড়ি থেকে বের হচ্ছে।

একদিন সন্ধ্যায় মাকে বলল, "মা, আমি আবার কলেজে ভর্তির চেষ্টা করতে চাই।"

মার চোখে জল এলো। "করব। করব আমরা।"

এই অসুখে আক্রান্ত মানুষকে অনেকে ভয় পায়, এড়িয়ে চলে। এটা ঠিক না। বেশিরভাগ মানুষ যাদের এই অসুখ আছে তারা নিজেরাই কষ্ট পাচ্ছেন।

সিজোফ্রেনিয়া — কী কী লক্ষণ দেখলে সাবধান হবেন?

- একা একাই কথা বলা, হাসা বা ভয় পাওয়া
- এমন কণ্ঠস্বর শোনা যা অন্যরা শুনতে পাচ্ছে না
- কেউ তার ক্ষতি করতে চাইছে বা সবাই পিছনে লেগেছে এই বিশ্বাস

- বাড়ি থেকে না বেরোনো, মানুষ এড়ানো
- আবেগহীন মুখ, কথাবার্তায় উৎসাহ নেই
- চিন্তায় জট পাকানো, কথা বুঝতে অসুবিধা হওয়া

এই লক্ষণ দেখলে দ্রুত মানসিক চিকিৎসকের কাছে নিয়ে যান। দেরি হলে অসুখ জটিল হয়।

অধ্যায় ৩

বুকের ভেতরে ঝড়

— প্যানিক ও ভীতি —

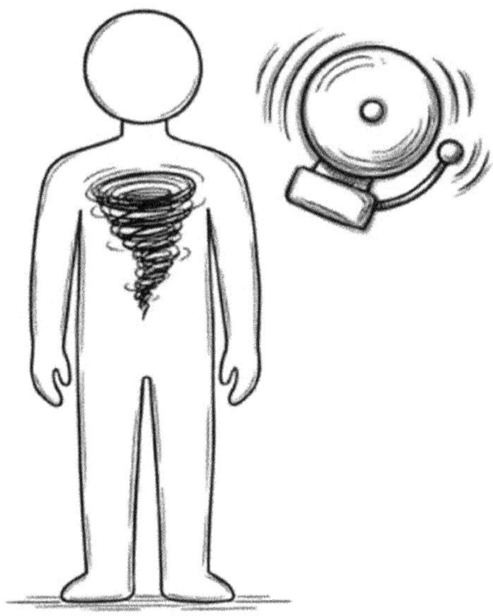

এক.

যাদবপুর স্টেশনে সেদিন ভিড় ছিল না। দুপুরের মেট্রো। মমতা বসাক দাঁড়িয়ে ছিলেন হ্যান্ডেল ধরে।

হঠাৎ বুকের মধ্যে ধুপ করে একটা লাগল।

তারপর ধড়ফড়। হৃদপিণ্ড যেন ছুটছে। শ্বাস নিতে পারছেন না। পা কাঁপছে। মাথা ঘুরছে।

"আমি মরে যাচ্ছি!" মনে হলো।

পাশের যাত্রী ধরলেন — "কী হলো দিদি?"

মিনিট দশেক পরে আস্তে আস্তে সব স্বাভাবিক হয়ে এলো। কিন্তু বুকের ভয়টা রয়ে গেল।

দুই.

মমতার বয়স ৩৫। গৃহিণী। সংসারটা ঠিকঠাক চলছে। বিশেষ কোনো সমস্যা নেই।

কিন্তু এই আক্রমণটা — এটাই প্রথম নয়। গত তিন মাসে তিনবার হয়েছে। একবার বাজারে, একবার রান্নাঘরে, একবার মেট্রোতে। প্রতিবারই মনে হয়েছে মরে যাচ্ছেন।

স্বামীকে বলেছিলেন। স্বামী বললেন, "হার্ট দেখাও।"

হার্টের ডাক্তার দেখালেন। পরীক্ষা করলেন। রিপোর্ট স্বাভাবিক।

"হার্ট ঠিক আছে," ডাক্তার বললেন। তাহলে কী হচ্ছে?

তিন.

কিন্তু মেট্রোর ঘটনার পর থেকে মমতা মেট্রোতে উঠতে পারছেন না। শুধু মেট্রো নয় — ভিড়ের বাজারে যেতে পারছেন না। সিনেমা হলে ঢুকতে পারছেন না।

স্বামী বললেন, "এতো ভয় কীসের? কিছু তো হয়নি তোমার।"

"আমি জানি। কিন্তু মনে হয় আবার হবে।"

চার.

এই যে ভয় — যে ভয়টা কোনো কারণ ছাড়াই আসে — মমতা এটা কাউকে বোঝাতে পারছেন না। নিজেও বুঝতে পারছেন না।

শাশুড়ি বললেন, "এগুলো বায়ুর রোগ।" প্রতিবেশী বলল, "ভিটামিন কম পড়েছে।" ছেলে বলল, "মা, তুমি overthink করছ।"

পাঁচ.

মমতার এক বন্ধু পলি একই রকম সমস্যায় ভুগেছিল। ফোন করে বলল — "তুই একবার মানসিক চিকিৎসক দেখা। এটা panic disorder হতে পারে।"

"প্যানিক মানে?"

"মানে আচমকা ভয়ের ঢেউ আসে। শ্বাস বন্ধ হওয়ার মতো লাগে, হার্ট দ্রুত চলে। কিন্তু শরীরে আসলে কিছু হয় না। মস্তিষ্ক ভুল বিপদ সংকেত পাঠায়।"

ছয়.

ডাক্তার মিত্র মমতার কথা মনোযোগ দিয়ে শুনলেন। তারপর বললেন, "যা বর্ণনা করলেন, এটা প্যানিক অ্যাটাক। এবং আপনার এখন প্যানিক ডিসঅর্ডার হয়েছে।"

"কিন্তু হার্ট তো ঠিক আছে।"

"হ্যাঁ, হার্ট ঠিকই আছে। কিন্তু মস্তিষ্ক হঠাৎ করে শরীরকে বলে — বিপদ! পালাও! তখন শরীর ছুটতে শুরু করে। হার্ট দ্রুত চলে, শ্বাস দ্রুত হয়। এটাই আপনি অনুভব করছেন। আর এই ভয়ের জায়গাগুলো এড়ানোকে ফোবিয়া বলে।"

সাত.

চিকিৎসা শুরু হলো। ওষুধ আর শ্বাস-প্রশ্বাসের ব্যায়াম।

দুই মাস পরে মমতা আবার মেট্রোয় চড়লেন। কিছু হলো না। তিন মাস পরে বাজারে গেলেন।

একদিন স্বামীকে বললেন, "আমি আবার ঠিক হয়ে যাচ্ছি।"

📋 প্যানিক ও ফোবিয়া — লক্ষণ

- কোনো স্পষ্ট কারণ ছাড়াই হঠাৎ বুক ধড়ফড় করা
- শ্বাস নিতে কষ্ট লাগা, মনে হওয়া শ্বাস বন্ধ হয়ে যাচ্ছে
- মাথা ঘোরা, হাত-পা ঠান্ডা হয়ে যাওয়া
- "মরে যাচ্ছি" বা "পাগল হয়ে যাচ্ছি" মনে হওয়া
- এই ভয়ে নির্দিষ্ট জায়গায় যেতে না পারা বা মানুষ এড়ানো

অধ্যায় ৪

স্মৃতির ভেতরে আগুন

— মানসিক আঘাতের পরবর্তী সমস্যা —

এক.

প্রিয়া সাহার বাড়িতে রাত দশটায় আলো নেভে না।

আলো নিভলেই ওই ছবিটা আসে। বাসের ভেঙে পড়া জানালা। কাচের টুকরো। রক্ত। ডানদিকের যাত্রীর মুখ — যিনি আর উঠলেন না।

প্রিয়া সেই দুর্ঘটনায় বেঁচে গিয়েছিল। প্রায় বছর দুয়েক হলো। শরীরে কোনো চোট নেই। কিন্তু মাথার ভেতরে ওই মুহূর্তটা মরেনি।

দুই.

প্রিয়ার বয়স ২৮। কসবায় একটা ইস্কুলে ইংরেজি পড়ায়। দুর্ঘটনার আগে হাসিখুশি থাকত।

এখন? ক্লাসে থাকলেও মন থাকে না। শব্দ হলে চমকে ওঠে। বাসে উঠতে পারে না। রাতে স্বপ্ন দেখে — প্রতি রাতে ঐ একই ঘটনা বারবার ফিরে আসে।

তিন.

প্রিয়ার মা বললেন, "দুর্ঘটনা তো অনেক মানুষের হয়। তুই এভাবে আটকে আছিস কেন?"

অফিসের সহকর্মী বলল, "সময় সব ঠিক করে দেয়। দুই বছর হয়ে গেছে। এবার ভুলে যা।"

"ভুলতে পারছি না।"

কিন্তু প্রিয়া তো ভুলতে চাইছে। ভুলতে পারছে না।

চার.

একদিন ক্লাসে বাইরে কোনো গাড়ির কর্কশ ব্রেকের আওয়াজ হলো। প্রিয়া সঙ্গে সঙ্গে উঠে দাঁড়াল। বুকে হাত দিল। শ্বাস নিতে পারছে না।

সেদিন রাতে মাকে ফোন করে বলল, "মা, আমার একজন ডাক্তারের সাথে কথা বলতে হবে।"

পাঁচ.

ডাক্তার দেবস্মিতা রায় পুরো ঘটনা শুনলেন। "প্রিয়া, তোমার যা হচ্ছে, এর একটা নাম আছে। PTSD — মানে বড় ভয়ের ঘটনার পরবর্তী মানসিক সমস্যা।"

"কিন্তু দুই বছর হয়ে গেছে।"

"সময় দিলেই ঠিক হয় না। চিকিৎসা দরকার।"

ছয়.

ডাক্তার বোঝালেন, "এই অসুখে মানুষ তিন রকম কষ্ট পায়। এক — ঘটনাটা বারবার ফিরে আসে, স্বপ্নে বা হঠাৎ চোখের সামনে। দুই — সে এড়িয়ে চলে যা কিছু তাকে সেই ঘটনার কথা মনে করায়। তিন — সে সবসময় সতর্ক থাকে, সামান্য শব্দেও চমকে ওঠে।"

প্রিয়া শুনতে শুনতে বলল, "এই তিনটোই আমার হয়।"

সাত.

চিকিৎসা শুরু হলো। কথা বলার চিকিৎসা। ডাক্তারের সাথে আস্তে আস্তে সেই ঘটনার কথা বলা। ভয়টাকে সামনে এনে দেখা।

তিন মাস পরে একদিন বাসে উঠল। হাত কাঁপল, কিন্তু নামল না।

পাঁচ মাস পরে ঘুমটা ভালো হলো।

আট.

বছর খানেক পরে স্কুলের এক নতুন শিক্ষক বললেন, "দিদিমণি, আপনি কীভাবে এত প্রাণশক্তি রাখেন?"

প্রিয়া হাসল। "অনেকটা লড়াই করে এসেছি।"

📋 PTSD — লক্ষণ

- কষ্টের ঘটনার পরে সেই ঘটনা বারবার স্বপ্নে বা চিন্তায় ফিরে আসা
- সেই ঘটনার সাথে সম্পর্কিত জায়গা বা মানুষ এড়িয়ে চলা
- সামান্য শব্দে বা পরিস্থিতিতে চমকে ওঠা
- সারাক্ষণ সতর্ক থাকা, ঘুম না হওয়া
- হঠাৎ মনে হওয়া সেই ঘটনাটা এখনই ঘটছে

এই লক্ষণ মাসের পর মাস থাকলে চিকিৎসক দেখান। এটা দুর্বলতা নয়, মস্তিষ্কের একটা প্রতিক্রিয়া।

অধ্যায় ৫

বারবার হাত ধোয়া

— বাধ্যতামূলক চিন্তা ও কাজ (OCD) —

এক.

অর্ণব দত্তের হাতের চামড়া উঠে যাচ্ছে।

দিনে বিশ-ত্রিশবার হাত ধোয়া। সাবান শেষ হয়ে যায় দু'দিনে।

"আবার হাত ধুলি?" মা বলেন।

"বাইরে থেকে এলাম।"

"তুই তো ঘরেই ছিলি।"

দুই.

অর্ণবের বয়স ২০। রাজাবাজারের কাছে একটা কলেজে পড়ে। মেধাবী, পড়াশোনা ভালো ছিল। এখন পরীক্ষার আগে পড়তে বসতে পারে না।

কারণ পড়তে বসলে মাথায় আসে — "স্টোভটা বন্ধ করেছি তো? দরজাটা লক করেছি তো?" উঠে গিয়ে দেখে। আবার বসে। আবার মনে হয় — দেখেছি ঠিকমতো? আবার উঠে যায়। একদিনে স্টোভ দশ বার চেক করেছে।

তিন.

মাথার ভেতর কিছু ভাবনা আসে, যেটা সে চায় না।

যেমন বাইরে কোথাও গেলে মনে হয় হাতে জীবাণু লেগে গেছে। মা কি অসুস্থ হয়ে যাবে? হাত ধুতে হবে। ধুলো। কিন্তু পরিষ্কার হয়েছে তো? আবার ধুতে হবে। এই চক্র চলতেই থাকে।

চার.

অর্ণব ভালো করেই জানে যে এটা ঠিক না। জানে যে স্টোভ বন্ধ আছে। জানে যে হাত পরিষ্কার হয়ে গেছে। কিন্তু জানলেও থামাতে পারে না।

বন্ধু অরূপ একদিন বলল, "ভাই, তুই তো ম্যানিয়াক।" অর্ণব হাসল। কিন্তু ভেতরে কষ্ট লাগল।

পাঁচ.

একদিন পাড়ার এক কাকু শুনে বললেন, "আমার ছেলের এরকম হয়েছিল। ডাক্তার দেখিয়েছিলাম, ভালো হয়েছে। তুইও দেখা।"

"কী ডাক্তার?"

"মনের ডাক্তার।"

ছয়.

ড. মিশ্র অর্ণবকে বললেন, "তোমার যা হচ্ছে এটা OCD।"

"মানে?"

"দুটো অংশ। 'অবসেসন' মানে এমন ভাবনা যেটা মাথায় বারবার আসে, যেটা তুমি চাও না। 'কম্পালশন' মানে সেই ভয় কমাতে যা করতে হয় — যেমন হাত ধোয়া।"

"আমি জানি ভয়টা অযৌক্তিক।"

"হ্যাঁ, তুমি জানো। কিন্তু থামাতে পারছ না — এটাই এই অসুখের বৈশিষ্ট্য।"

সাত.

চিকিৎসা শুরু হলো। ভয়ের মুখোমুখি হওয়া — কিন্তু হাত না ধুয়ে। প্রথমে অসহ্য লাগে। তারপর দেখা যায় ভয়টা নিজেই কমে আসে।

দুই মাস পরে অর্ণব দিনে তিন বার হাত ধুচ্ছে। চার মাস পরে পরীক্ষায় প্রথম হলো।

"মাথাটা এখন ফাঁকা ফাঁকা লাগে," ড. মিশ্রকে বলল। "ভালো লাগছে।"

📋 OCD — লক্ষণ

- বারবার হাত ধোয়া বা পরিষ্কার করা
- দরজা, চুলা, আলো বারবার চেক করা
- মাথায় বারবার কোনো ভয়ের বা অস্বস্তিকর ভাবনা আসা, যা সে চায় না
- নির্দিষ্ট নিয়মে কাজ না করলে তীব্র অস্বস্তি লাগা
- এতে অনেক সময় নষ্ট হওয়া, কাজকর্মে বাধা

অধ্যায় ৬

আয়নার সামনে

— খাবারের অসুখ —

এক.

রিমি দাস রোজ সকালে উঠে প্রথমে ওজন মাপে।

মা ডাকছেন — "রিমি, জলখাবার।"

"খাব না।"

"কিছুই না?"

"রাতে অনেক খেয়েছি।"

মা জানেন রাতে রিমি প্রায় কিছুই খায়নি।

দুই.

রিমির বয়স ১৭। সাউথ কলকাতার একটা নামকরা ইস্কুলে পড়ে। পড়াশোনায় ভালো। কিন্তু গত ছয় মাসে সে শুকিয়ে যাচ্ছে।

বাবা-মা প্রথমে ভেবেছিলেন পড়ার চাপ। বন্ধুরা ভেবেছে 'ডায়েট'।

কিন্তু রিমির মাথায় সারাদিন শুধু একটাই চিন্তা — আমি মোটা।

তিন.

বাস্তবে রিমি মোটা নয়। স্বাস্থ্যকর ওজনের মানুষ। কিন্তু আয়নায় নিজেকে দেখলে মনে হয় — পেটটা বড়। উরু দুটো মোটা। গাল ফোলা।

স্কুলে একদিন এক বন্ধু মজা করে বলেছিল, "তোর গাল দুটো বড় হচ্ছে।" সেটা ঠাট্টা ছিল। কিন্তু সেদিন থেকে রিমির খাবারের সাথে সম্পর্ক পাল্টে গেছে।

চার.

রিমি এখন অত্যন্ত কম খাচ্ছে।

অতিরিক্ত ব্যায়াম করে। ক্লান্ত হয়ে পড়ে যায়, তারপরও থামে না।

পিরিয়ড বন্ধ হয়ে গেছে তিন মাস।

ইস্কুলে একদিন মাথা ঘুরে পড়ে গেল।

পাঁচ.

মা সেদিন ইস্কুল থেকে নিয়ে এলেন। রাস্তায় গাড়িতে বলল, "রিমি, তুই না খেয়ে মরবি।"

রিমি জানালার দিকে মুখ ফেরাল। "আমি মোটা।"

"তুই মোটা না। তুই শুকিয়ে গেছিস।"

"তুমি বুঝবে না।"

ছয়.

পেডিয়াট্রিশিয়ান রিমিকে দেখে সরাসরি বললেন — "এর চিকিৎসা দরকার। শুধু পুষ্টির নয়, মনেরও।"

মানসিক চিকিৎসক ড. বন্দ্যোপাধ্যায় প্রথম দিন রিমির সাথে অনেকক্ষণ কথা বললেন।

"রিমি, তুমি নিজেকে কীভাবে দেখো?"

"মোটা।"

"তুমি কি কখনো খুশি থাকো?"

রিমি ভাবল। "খাবারের কথা না ভাবলে।"

সাত.

ডাক্তার বোঝালেন।

"রিমি, তোমার অসুখের নাম অ্যানোরেক্সিয়া নার্ভোসা। এই অসুখে শরীরের আসল ওজন যাই হোক, মনে হয় 'আমি মোটা'। আয়নায় যা দেখছ সেটা সত্যি নয়। এই অসুখে মস্তিষ্ক শরীরটাকে বাস্তবের চেয়ে বড় দেখায়।"

আট.

চিকিৎসা কঠিন ছিল। ধীরে ধীরে খাওয়া বাড়ানো। প্রতি সপ্তাহে ডাক্তারের সাথে কথা। মার সাথেও কথা। পারিবারিক থেরাপি।

ছয় মাস পরে পিরিয়ড ফিরে এলো। এক বছর পরে রিমি উচ্চমাধ্যমিকে ভালো নম্বর পেল।

একদিন মাকে বলল, "মা, তুমি ওইদিন ডাক্তারের কাছে না নিয়ে গেলে..."

মা বাকি কথাটা শুনতে চাইলেন না। শুধু জড়িয়ে ধরলেন।

📋 খাবারের অসুখ — লক্ষণ

- খাওয়া অস্বাভাবিকভাবে কমিয়ে দেওয়া
- সামান্য ওজন বাড়লেও তীব্র ভয় পাওয়া
- আয়নায় নিজেকে "মোটা" দেখা, যদিও অন্যরা বলছে না
- অতিরিক্ত ব্যায়াম করা, ক্লান্তিতেও না থামা
- মেয়েদের ক্ষেত্রে পিরিয়ড বন্ধ হওয়া
- মাথা ঘোরা, চুল পড়া, দুর্বলতা

এই অসুখে প্রাণহানির ঝুঁকি থাকে। দেরি না করে চিকিৎসক দেখান।

মদের গন্ধ

— *মদ্যপানের অসুখ* —

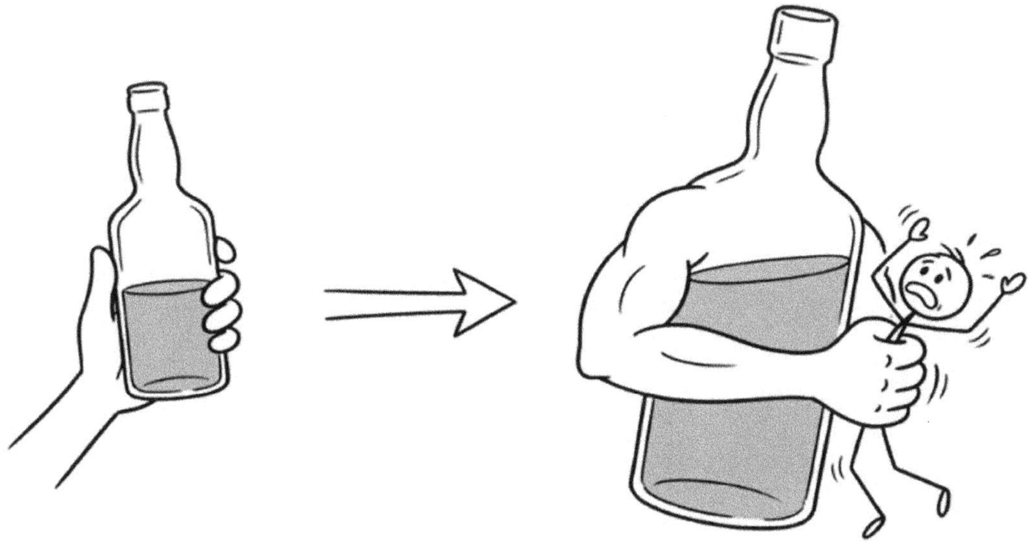

এক.

সন্ধ্যা হলেই কার্তিক ঘোষাল ঘরে ফেরেন না।

মালতী ঘড়ির দিকে তাকায়। সাতটা। আটটা। নয়টা।

ছেলে জিজ্ঞেস করে, "বাবা কোথায়?" "আসছে।"

দশটায় দরজায় লাথি পড়ে। কার্তিক ঢোকেন। চোখদুটো লাল, পায়ের ধাপ বেশামাল।

মদের গন্ধে মালতীর বমি আসে।

দুই.

কার্তিকের বয়স ৪৫। ট্যাক্সি চালান। মদ খাওয়া শুরু করেছিলেন বছর পনেরো আগে। তখন মাঝে মাঝে বন্ধুদের সাথে। ধীরে ধীরে প্রতিদিন হলো। এখন বিকেলের পর ছাড়া থাকতে পারেন না।

কাজে গেলে মাথা ধরে। মেজাজ খিটখিটে হয়ে যায়। বিকেলে মদ পেলে স্বাভাবিক লাগে।

তিন.

মালতী অনেকবার বলেছেন। কার্তিক বলেছেন — "ছেড়ে দেব।" পরের দিন আবার।

একবার এক সপ্তাহ ছেড়েছিলেন। তখন হাত কাঁপত, ঘুম হতো না, ঘাম হতো। পাঁচ দিন পরে আবার নিয়েছেন।

"ছাড়লেই কষ্ট হয়, তাই খাই।" নিজেকে বোঝান।

চার.

মেয়ে টিনা একদিন পরীক্ষার ভালো ফলাফল নিয়ে বাবাকে দেখাতে গেল। কার্তিক সেদিন মেজাজে ছিলেন না। "এতেই এত আনন্দ? আরও ভালো করতে পারতি।"

টিনা দৌড়ে ঘরে চলে গেল। কাঁদল অনেকক্ষণ।

সেদিন রাতে মালতী ঠিক করলেন — আর না।

পাঁচ.

মালতী একটা হেল্পলাইনে ফোন করলেন। একটা ক্লিনিকের ঠিকানা পেলেন।

কিছুদিন পর কার্তিক ট্যাক্সি চালাতে চালাতে একটা ছোট দুর্ঘটনা করলেন। লাইসেন্স যাওয়ার ভয় হলো।

সেদিন রাতে মালতী বলল, "তোমার চাকরি গেলে, লাইসেন্স গেলে, আমরা খাব কী?"

দীর্ঘ নীরবতার পর কার্তিক বললেন, "যা করতে হয় করো।"

ছয়.

ক্লিনিকে ডাক্তার পরীক্ষা করে বললেন, "কার্তিকবাবু, আপনার শরীর এখন মদ ছাড়া চলতে পারে না। এটা ইচ্ছার ব্যাপার নয়, এটা শারীরিক নির্ভরতা। আস্তে আস্তে ছাড়াতে হবে।"

"আমি কি সত্যিই ছাড়তে পারব?"

"পারবেন। অনেকে পেরেছেন। কিন্তু একা নয়, সাহায্য লাগবে।"

সাত.

গ্রুপ থেরাপিতে কার্তিক দেখলেন — আরও অনেক মানুষ। ডাক্তার, শিক্ষক, ব্যবসায়ী। সবাই একই সমস্যায়।

"আমি ভাবতাম শুধু দুর্বল মানুষের হয়," কার্তিক একদিন বললেন।

"না। এটা অসুখ। যে কারো হতে পারে।"

আট.

ছয় মাস পরে। কার্তিক মদ ছেড়েছেন। একটা দিন মিস হয়নি।

একদিন টিনা রেজাল্ট এনেছে। কার্তিক নিজেই ডেকে বললেন, "টিনা, তোর রেজাল্ট দেখাবি?"

টিনা অবাক হয়ে রইল। তারপর বাবার গলায় জড়িয়ে ধরল।

মদ্যপানের অসুখ — লক্ষণ

- প্রতিদিন মদ না হলে অস্বস্তি বা হাত কাঁপা
- মদের পরিমাণ আস্তে আস্তে বাড়ানো
- পরিবার বা কাজ ক্ষতিগ্রস্ত হলেও মদ ছাড়তে না পারা
- মদ ছাড়লে ঘাম, কাঁপুনি, ঘুম না হওয়া
- মিথ্যে বলে মদ লুকানো বা সংগ্রহ করা

এটা দুর্বলতা নয়, চিকিৎসাযোগ্য অসুখ। সাহায্য নিন।

অধ্যায় ৮

নেশার জালে

— মাদকাসক্তি —

এক.

সুমনের মা দেরাজ খুললেন। টাকা নেই। গতকালও ছিল।

সুমন কোথায়? ঘরে নেই। সকাল থেকে নেই।

বিকেলে ফিরল। চোখদুটো অদ্ভুত। কথা জড়িয়ে যাচ্ছে। "ঘুম পাচ্ছে।" শুয়ে পড়ল।

দুই.

সুমন বর্মার বয়স ২৪। উত্তর কলকাতার মেসে থাকে, একটা দোকানে কাজ করে।

বছর দুয়েক আগে বন্ধুদের সাথে প্রথম নেশার জিনিস নিয়েছিল। "একবার দেখ কেমন লাগে।" পরের বার আবার নিল।

এখন প্রতিদিন চাই। না নিলে সারা শরীরে যন্ত্রণা, মাথা ব্যথা, অস্থিরতা।

তিন.

কাজে যাওয়া অনিয়মিত হয়ে গেছে। মালিক দু'বার বলেছেন। সুমন শুনেছে, কিন্তু পাল্টাতে পারছে না।

টাকার দরকার হয়। নিজের মাইনে শেষ। মায়ের কাছ থেকে নেওয়া শুরু হয়েছে।

পুরনো বন্ধু অরিন্দম একদিন বলল, "সুমন, তোকে দেখলে মনে হয় কবে থেকে এরকম হলি।"

চার.

একদিন রাতে মা দেরাজ থেকে টাকা গেছে দেখে জিজ্ঞেস করলেন। সুমন রেগে গেল। চেঁচাল। মা ভয় পেয়ে গেলেন। ছেলেকে চেনা যাচ্ছে না।

পাঁচ.

এক প্রতিবেশী মহিলা একটা ফোন নম্বর দিলেন — একটা ড্রাগ ডি-অ্যাডিকশন সেন্টারের। "আমার ভাইপোকেও এরকম হয়েছিল। ওখানে গিয়েছিল। এখন সুস্থ।"

ছয়.

মাকে এতটা ভেঙে পড়তে দেখে সুমন একদিন নিজেই বলল, "মা, আমি সাহায্য চাই।"

মা মুখে হাত দিলেন।

"আমি চাইছি না এটা। কিন্তু পারছি না ছাড়তে।"

সাত.

রিহ্যাব সেন্টারে ডাক্তার বললেন, "সুমন, নেশার জিনিসটা তোমার মস্তিষ্কের একটা জায়গা দখল করে নিয়েছে। ওটা ছাড়া কোনো কিছুতে আনন্দ লাগে না। এবং ওটা না নিলে শরীর কষ্ট দেয়।"

"এটা কি আমার দোষ?"

"না। তুমি ভুল সিদ্ধান্ত নিয়েছিলে একবার। কিন্তু এখন যা হচ্ছে, এটা শরীরের একটা প্রতিক্রিয়া। এবং এর চিকিৎসা আছে।"

আট.

চিকিৎসা দীর্ঘ ছিল। কিন্তু সুমন ফিরে এলো।

একদিন মাকে বলল, "মা, আমি আবার কাজ শুরু করব।"

"আগে সুস্থ হ।" "হচ্ছি।"

📋 মাদকাসক্তি — লক্ষণ

- নেশার জিনিস না পেলে শরীরে যন্ত্রণা, অস্থিরতা
- আগে যত নিলে কাজ হতো, এখন বেশি নিতে হচ্ছে
- নেশার জন্য পরিবারের টাকা নেওয়া বা মিথ্যে বলা
- কাজকর্ম, পড়াশোনা ছেড়ে দেওয়া
- পুরনো বন্ধু ছেড়ে শুধু নেশার বন্ধুদের সাথে থাকা

এই অসুখে পরিবারের সহযোগিতা সবচেয়ে বড় শক্তি। একা ছেড়ে না দিয়ে সাহায্য নিন।

অধ্যায় ৯

ভালোবাসা আর ক্ষত

— আবেগের অস্থিরতা —

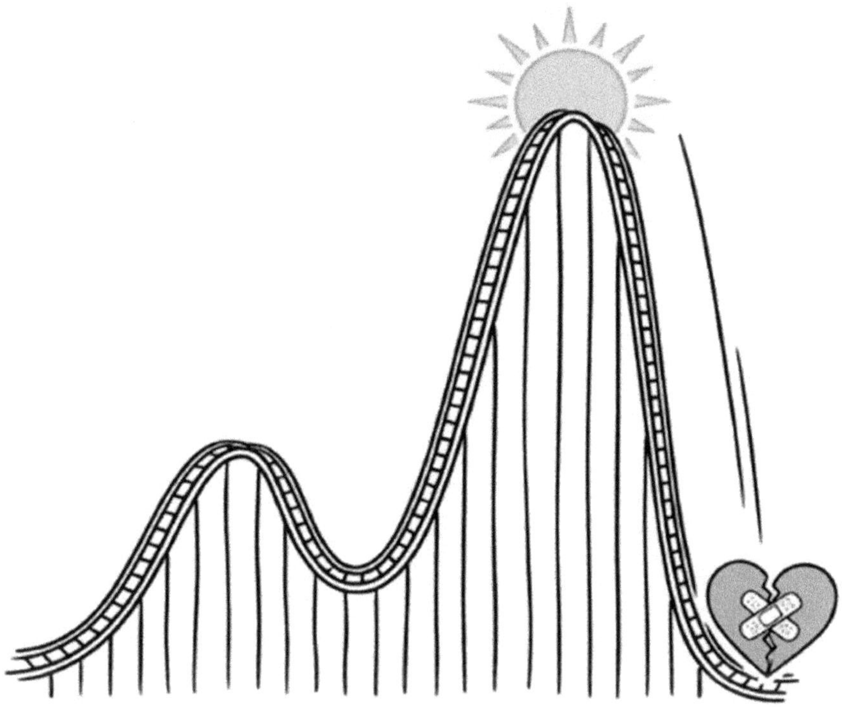

এক.

তিয়া সরকারের কব্জিতে পুরনো দাগ আছে।

কলেজের বন্ধুরা জিজ্ঞেস করে না। জিজ্ঞেস করলে বলে, "বিড়ালে আঁচড়েছিল।"

কিন্তু দাগগুলো বিড়ালের নয়।

দুই.

তিয়ার বয়স ২২। জাদবপুরে পড়ে, বাংলা অনার্স। চেহারায় একটা তীক্ষ্ণতা আছে। কিন্তু সম্পর্কের ক্ষেত্রে সে বারবার ভেঙে পড়ে।

প্রেমিক বদলায়। প্রতিবার শুরুতে মনে হয় — এই সেই মানুষ। মাসখানেক পরে কোনো ছোট ঘটনায় ভয়ঙ্কর ঝামেলা। শেষে বিচ্ছেদ।

তারপর একা থাকার যন্ত্রণা। সেই যন্ত্রণা সইতে না পেরে নিজেকে আঘাত করে।

তিন.

মা একদিন দেখে ফেলেছিলেন। "এটা কী?" — "কিছু না।" মা বিশ্বাস করেননি। সেই রাতে একা বসে কেঁদেছিলেন।

চার.

তিয়ার মেজাজ দ্রুত পাল্টায়। সকালে প্রচণ্ড খুশি। দুপুরে কোনো কারণ ছাড়াই কান্না। রাতে রাগ।

বন্ধু পিয়া বলেছিল, "তুই একটু বেশি sensitive।"

"আমি জানি। কিন্তু কী করব?" — "মনে করে নিস।"

কিন্তু তিয়া পারে না। ভেতরের ঝড়টা থামে না।

পাঁচ.

একটা কোর্সে অধ্যাপক মানসিক স্বাস্থ্য নিয়ে বললেন — কীভাবে কিছু মানুষের আবেগ অস্বাভাবিকভাবে তীব্র হয়, সম্পর্ক অস্থির থাকে, নিজেকে আঘাত করার প্রবণতা থাকে।

ক্লাস শেষে তিয়া গেল। "স্যার, যা বললেন — এগুলো কি কোনো অসুখের লক্ষণ?"

"হ্যাঁ। কেন, কারো কথা মনে পড়ছে?"

তিয়া কিছু বলল না।

ছয়.

তিয়া নিজেই ডাক্তারের কাছে গেল। একা।

ড. ঘোষ বললেন, "তিয়া, তোমার যা বর্ণনা করলে — আবেগের তীব্রতা, সম্পর্কে অস্থিরতা, একা থাকার ভয়, নিজেকে আঘাত করা — এটা একটা অসুখের লক্ষণ।"

"মানে আমার চরিত্র খারাপ?"

"না। পার্সোনালিটি মানে চরিত্র নয়। তোমার আবেগ নিয়ন্ত্রণের পদ্ধতি একটু আলাদাভাবে গড়ে উঠেছে। এটা বদলানো যায়।"

সাত.

চিকিৎসা শুরু হলো। একটা বিশেষ থেরাপি, যেখানে আবেগকে চেনা শেখে, নিয়ন্ত্রণ করতে শেখে।

একদিন কোনো কারণে খুব রাগ উঠছিল। আগে হলে হয়তো নিজেকে আঘাত করত। সেদিন বসে থাকল, শ্বাস নিল। ধীরে ধীরে রাগটা চলে গেল। সে অবাক হলো।

আট.

বছরখানেক পরে তিয়া নতুন একটা সম্পর্কে আছে। সহজ নয়। কিন্তু এবার পালিয়ে যাচ্ছে না।

বান্ধবী পিয়া বলল, "এবার তোকে অন্যরকম দেখাচ্ছে।"

"হ্যাঁ, আমি একটু বদলেছি।"

📋 আবেগের অস্থিরতা — লক্ষণ

- আবেগ খুব দ্রুত বদলানো — এক মুহূর্ত খুশি, পরের মুহূর্তে ভেঙে পড়া
- সম্পর্কে অস্থিরতা, বারবার ভাঙা
- একা থাকার ভয়ে যেকোনো কিছু করা
- রাগের মাথায় বা যন্ত্রণায় নিজেকে আঘাত করা
- নিজের পরিচয় বা লক্ষ্য সম্পর্কে স্থির ধারণা না থাকা

যদি নিজেকে আঘাত করার প্রবণতা থাকে, আজই মানসিক চিকিৎসকের সাহায্য নিন।

অধ্যায় ১০

ভুলে যাওয়ার দিন

— স্মৃতিশক্তি নষ্ট হওয়ার অসুখ —

এক.

বিপিন মজুমদারের বাড়িতে প্রতি সন্ধ্যায় একটা অনুষ্ঠান হয়।

ছেলে সন্দীপ ফিরে এসে বলে, "বাবা, আমি এলাম।"

বিপিনবাবু তাকান। "কে তুমি?"

"আমি সন্দীপ। তোমার ছেলে।"

"সন্দীপ? ছোট সন্দীপ? ও তো এখন স্কুলে।"

সন্দীপের বয়স ৩৮।

দুই.

বিপিনবাবুর বয়স ৭২। অবসরপ্রাপ্ত সরকারি কর্মচারী। বছর দুয়েক আগে স্ত্রী মারা যাওয়ার পর একা হয়ে গেলেন। তখন থেকেই বদলাতে শুরু করলেন।

প্রথমে ছোটছোট ভুল। বাজারে গেলে কী আনতে গেছেন ভুলে যান। খবরের কাগজটা কোথায় রাখলেন খুঁজে পান না। ওষুধ খেয়েছেন কিনা মনে থাকে না।

তিন.

সন্দীপ প্রথমে ভেবেছিল বয়স হচ্ছে, এটাই স্বাভাবিক।

কিন্তু আস্তে আস্তে গুরুতর হলো। বিপিনবাবু গ্যাস জ্বেলে ভুলে গেলেন। রাস্তায় বেরিয়ে বাড়ির পথ ভুলে গেলেন। পাড়ার পুলিশ একদিন তাঁকে বিভ্রান্ত অবস্থায় বাসস্ট্যান্ডে দেখে বাড়ি পৌঁছে দিল।

চার.

সেদিন রাতে বিপিনবাবু বললেন, "আমি কোথায় ছিলাম?"

"বাইরে বেরিয়েছিলে।"

"কেন বেরিয়েছিলাম?"

সন্দীপ উত্তর দিতে পারল না। বাবা নিজেই জানেন না।

রুমা বলল, "এই অবস্থায় বাবাকে একা রাখা যাচ্ছে না।"

পাঁচ.

একজন বন্ধু বলল, "একজন নিউরোলজিস্ট দেখাও। এটা হয়তো স্মৃতিশক্তির অসুখ।"

ডাক্তার কথাবার্তা বললেন, পরীক্ষা করলেন। তারপর সন্দীপকে আলাদা ডেকে বললেন, "আপনার বাবার ডিমেনশিয়া হয়েছে।"

ছয়.

"ডিমেনশিয়া মানে?"

"মস্তিষ্কের কিছু কোষ আস্তে আস্তে নষ্ট হতে থাকে। ফলে স্মৃতি যায়, চেনা মুখ চেনা যায় না, পরিচিত পথ অচেনা লাগে।"

"সারবে?"

"সম্পূর্ণ সারে না। কিন্তু ওষুধ ও যত্নে অনেকটা ধীর করা যায়।"

সন্দীপ রাতে একা বসে অনেকক্ষণ কাঁদল। তারপর ঠিক করল — বাবা যতটা ভালো থাকতে পারেন, সেটা নিশ্চিত করবে।

সাত.

বাড়ির চাবি আলাদা রাখল। গ্যাসে লক লাগাল। প্রতিদিন একটু বেশি সময় বিপিনবাবুর সাথে বসল।

আট.

বিপিনবাবু সন্দীপকে প্রতিদিন 'চিনতে পারেন' না।

কিন্তু একদিন সন্ধ্যায় পুরনো অ্যালবাম দেখতে দেখতে ছোটবেলার একটা ছবি দেখে হাসলেন। "এই দুষ্টুটার কথা মনে আছে।"

"কে এটা?"

"আমার ছেলে। সন্দীপ।"

সন্দীপ নিজের চোখ মুছল।

📋 ডিমেনশিয়া — লক্ষণ

- একই কথা বারবার জিজ্ঞেস করা
- পরিচিত মুখ বা জায়গা না চেনা
- দৈনন্দিন কাজ — রান্না, টাকা গোনা — ভুলে যাওয়া
- হঠাৎ রাস্তায় হারিয়ে যাওয়া
- স্বভাব বা মেজাজ হঠাৎ বদলে যাওয়া

এই লক্ষণ দেখলে দ্রুত ডাক্তার দেখান। যত আগে চিকিৎসা শুরু, তত ভালো।

উপসংহার

মনের যত্ন নিন

আমরা দশটা গল্প পড়লাম। দশটা মানুষ। দশটা কষ্ট। এবং দশটা পথ — যে পথে সাহায্য পাওয়া যায়।

এই বইটা শেষ করতে করতে যদি মনে হয় — "এটা তো আমার মতো," বা "এটা তো আমার কাছের মানুষের মতো" — তাহলে একটাই কথা বলব: সাহায্য নিন।

মানসিক সমস্যা লুকানোর জিনিস নয়। এটা দুর্বলতাও নয়। ঠিক যেভাবে বুকে ব্যথা হলে ডাক্তারের কাছে যান, মনে ব্যথা হলেও যান।

📋 কখন ডাক্তারের কাছে যাবেন?

- যদি মন দুই সপ্তাহের বেশি একটানা ভার থাকে
- যদি ঘুম বা খাওয়া বন্ধ হয়ে যায়
- যদি মনে হয় না থাকলে ভালো হতো
- যদি কোনো ভয় বা অস্থিরতা জীবনটাকে আটকে দিচ্ছে
- যদি প্রিয়জনের আচরণ হঠাৎ বদলে যায়
- যদি কেউ নিজেকে আঘাত করছে বা করার কথা বলছে

যে মানুষটার কথা এই বইয়ে পড়লেন — সে কি সুরেশ? রাহুল? মমতা? প্রিয়া? অর্ণব? রিমি? কার্তিক? সুমন? তিয়া? বিপিন? হয়তো এদের কেউ আপনার পরিচিত। হয়তো আপনি নিজেই এদের মতো।

মনের কষ্ট নিয়ে একা থাকার দরকার নেই। কেউ না কেউ সাহায্য করতে পারে। সরকারি হাসপাতালে মানসিক স্বাস্থ্য বিভাগ আছে। মানসিক স্বাস্থ্য হেল্পলাইনে ফোন করা যায়। কাছের মানুষকে বলা যায়।

– সমাপ্ত –

www.ingramcontent.com/pod-product-compliance
Lightning Source LLC
LaVergne TN
LVHW070912210926
848482LV00017B/1055
9798904519995